RUDOLF STEINER

Was ist und will die neue Bewegungskunst Eurythmie?

Sechs Einführungen zu eurythmischen Darstellungen

1979

RUDOLF STEINER VERLAG
DORNACH/SCHWEIZ

Nach gedruckten Programmen und vom Vortragenden
nicht durchgesehenen Vortragsnachschriften
herausgegeben von der Rudolf Steiner-Nachlaßverwaltung
Die Herausgabe besorgten Eva und Edwin Froböse

EINZELAUSGABE

1. Auflage Dornach 1972

2. Auflage Dornach 1979

Sonderdruck aus Bänden der Rudolf Steiner Gesamtausgabe:

«Eurythmie – die Offenbarung der sprechenden Seele»
Bibl.-Nr. 277, Dornach 1972

«Die Entstehung und Entwickelung der Eurythmie»
Bibl.-Nr. 277a, Dornach 1965

Printed in Switzerland by Buchdruckerei Meier & Cie, Schaffhausen
ISBN 3-7274-5112-2

INHALT

EINFÜHRUNG

für das Programm der ersten öffentlichen Eurythieaufführung in Zürich am 24. Februar 1919

Die als Eurythmie bezeichnete Bewegungskunst, die bisher nur in einem engeren Kreise gepflegt wurde, hat ihren Ausgangspunkt von der Anschauung *Goethes* genommen, daß alle Kunst die Offenbarung ist verborgener Naturgesetze, die ohne solche Offenbarung verborgen blieben. Mit diesem Gedanken läßt sich ein anderer, ebenfalls Goethescher, verbinden. In jedem menschlichen Einzelorgane findet man einen gesetzmäßigen Ausdruck der menschlichen Gesamtform. Jedes einzelne Glied des Menschen ist gewissermaßen ein Mensch im kleinen, wie – goethisch gedacht – das Pflanzenblatt eine Pflanze im kleinen ist. Man kann diesen Gedanken umkehren und im Menschen einen Gesamtausdruck dessen sehen, was eines seiner Organe darstellt. Im Kehlkopf und den Organen, die im Sprechen und Singen mit ihm verbunden sind, werden durch diese Betätigungen Bewegungen ausgeführt oder auch nur intendiert, die sich in Lauten oder Lautverbindungen offenbaren, während sie selbst im gewöhnlichen Leben unbeobachtet bleiben. Weniger diese Bewegungen selbst, als vielmehr die Bewegungsintentionen sollen nun durch die Eurythmie umgesetzt werden in Bewegungen des Gesamtkörpers. Durch den ganzen Menschen soll sich als Bewegung und Haltung sichtbar machen, was sich im Bilden der Laute und Töne in einem einzelnen Organsysteme unwahrnehmbar abspielt. Durch Bewegungen der Glieder am Menschen kommt zur Offenbarung, was sich im Sprechen und Singen im Kehlkopf und seinen Nachbarorganen vollzieht; in der Bewegung im Raume und in den Formen und Bewegungen von Gruppen wird dargestellt, was durch das Menschengemüt in Ton und Sprache lebt. Dadurch ist mit dieser eurythmischen Bewegungskunst etwas geschaffen, bei dessen Entstehung die Impulse gewaltet haben, die in der Entwicklung aller Kunstformen gewirkt haben. Alles willkürlich Mimische oder Pantomimische, alles Symbolisieren von Seelischem durch Bewegungen ist ausgeschlossen. Der Ausdruck wird durch einen gesetzmäßigen inneren Zusammenhang erreicht, wie in der Musik. Wovon im Wesen des Künstlerischen die Tanzkunst einmal ihren Ausgangspunkt genommen hat, wovon sie aber im Laufe der Zeit sich weit entfernt hat, darauf soll die Eurythmie sie wieder zurückführen. Sie will dies aber im Sinne einer wahrhaft modernen Kunstauffassung, nicht durch Nachahmung oder bloße Wiederherstellung eines Alten. Es liegt in der Natur der Sache, daß die eurythmische Kunst sich verbindet mit der musikalischen. Die im Verlaufe der Darstellung auftretenden musikalischen Beigaben zu den eurythmischen Aufführungen haben L. van der Pals, Max Schuurman und Jan Stuten geliefert. Was jetzt schon als Eurythmie auftritt, ist ein Anfang; die mit dieser Kunst verbundenen Absichten werden wohl eine weitere Entwicklung finden. Sie möchten aber als ein Anfang genommen werden.

EINFÜHRUNG

für die Programme der Eurythmieaufführungen
in Wien am 9. und 12. Juni 1922
während des West-Ost-Kongresses

Der eurythmischen Kunst liegt eine aus der menschlichen Wesenheit heraus gebildete sichtbare Sprache zu Grunde. Diese offenbart sich in Bewegungen, die der einzelne Mensch durch seinen Körper oder seine Körperglieder ausführt, oder die durch Menschengruppen vollzogen werden. Es handelt sich *nicht* um eine gebärdenhafte, mimische oder tanzartige Bewegung, sondern um eine wirkliche Sprache, die von Tanz, Mimik, Gebärde so weit absteht wie der Gesang oder die Lautsprache selbst. Es wird nicht ein einzelnes Seelenerlebnis, eine Empfindung oder ein Gefühl, mit einer Bewegungsform willkürlich zusammengebracht; sondern es wurden die in der organischen Gestaltung des ganzen menschlichen Organismus veranlagten Bewegungsmöglichkeiten zu einem Ausdrucksmittel so gebildet, wie dies naturgesetzlich mit einer einzelnen Organgruppe bei Gesang und Sprache geschieht. Und es folgen sich dadurch auch die Einzelbewegungen wie Töne und Laute beim Singen und Sprechen. – Die in der Eurythmie zur Offenbarung gelangenden Bewegungen sind auch bei Gesang und Sprache in der Anlage (als organische und Willens-Tendenz) vorhanden; sie werden da aber schon in der Entstehung umgewandelt in diejenigen, welche die Sing- und Sprechorgane ausführen. Diese *Anlagen* werden in der Eurythmie durch sinnlich-übersinnliches Schauen festgehalten und dadurch der ganze Mensch zum (auf sichtbare Art sich ausdrückenden) Sing- und Sprachorganismus gemacht.

In der menschlichen Sprache kommt Gedanke und Wille zum Ausdrucke. Der Gedanke ist dabei das unkünstlerische Element. In der dichterischen Sprachbehandlung wird die Kraft des Gedankens zurückgeführt auf das willensartige Element, in Takt, Rhythmus, Bildhaftigkeit usw. Die Eurythmie führt diese Umwandlung bis zum Ende durch. Der räumlich-bewegte Mensch wird zur Erscheinung des Seelisch-Geistigen. – Das Eurythmische kann einerseits begleitet sein vom Musikalischen. Da ist es sichtbarer Gesang. Andrerseits von Rezitation und Deklamation. Da kommt der wirkliche künstlerisch-poetische Gehalt zur unmittelbaren Anschauung. Die Rezitation und Deklamation sind, wenn sie das Eurythmische begleiten, genötigt, in allem (prosaischen) Pointieren des Inhaltes der Dichtung sich zurückzuhalten und das Bildhafte und Musikalische, also das wahrhaft Künstlerische hervortreten zu lassen. Außer der künstlerischen Seite hat die Eurythmie noch eine hygienisch-therapeutische und eine pädagogisch-didaktische. Dabei werden die in der Eurythmie als Kunst auftretenden Formen entsprechend umgewandelt. – Man darf glauben, daß diese Kunstform, die heute noch im Beginn ihrer Entwicklung steht, sich wird unbegrenzt vervollkommenen können; denn ihr Werkzeug ist in einem umfassenderen Sinne der Mensch selbst, als dies bei anderen Kunstformen der Fall ist.

WAS IST UND WILL DIE NEUE BEWEGUNGSKUNST?

Zürich, 24. Februar 1919

anläßlich der ersten öffentlichen Darstellung eurythmischer Kunst

Gestatten Sie, daß ich unserer Aufführung einige wenige Worte voranschicke. Dies wird um so notwendiger sein, als es sich bei dieser Aufführung durchaus, wie ich von vornherein bemerken darf, nicht um irgendeine schon vollendete Kunstform handelt, sondern um ein Wollen, vielleicht könnte ich sogar sagen, um die Anlage zu einem Wollen. Und in diesem Sinne bitte ich Sie, sehr verehrte Anwesende, diesen unseren heutigen Versuch auch aufzufassen und aufzunehmen. Wir wollen durchaus nicht mit irgendeiner unserer Kunstform scheinbar ähnlichen Tanzkunstform oder dergleichen in irgendeiner Weise konkurrieren. Wir wissen sehr gut, daß man in allen diesen Nachbarkünsten unendlich viel Vollkommeneres in der Gegenwart darzubieten versteht, als wir noch auf unserem speziellen Gebiete können. Doch handelt es sich für uns auch gar nicht darum, irgend etwas zu geben, was in irgendeiner anderen Form schon da ist. Es handelt sich um eine besondere Form von Kunst, hervorgebracht durch Bewegungen des menschlichen Körpers, durch gegenseitige Bewegungen und Stellungen von zu Gruppen verteilten Persönlichkeiten.

Der ganze Sinn dieser unserer eurythmischen Kunst fußt auf der Goetheschen Weltanschauung, und zwar gerade auf denjenigen Teilen der Goetheschen Weltanschauung, die, wenn man sie in seine künstlerische Empfindung aufnimmt, wohl als die grundtiefsten und für die Zukunft der künstlerischen Entwickelung vielleicht fruchtbarsten erscheinen. Wenn es auch theoretisch aussieht, so darf ich zur Erläuterung der darstellenden Gruppen in dieser Beziehung vielleicht einiges bemerken. Es ist in weitesten Kreisen bekannt, wie *Goethe* nicht nur als Künstler tätig war, sondern wie er tiefe – leider darf man heute nicht sagen wissenschaftliche – wissenschaftsähnliche Einblicke in das Weben und Wesen all der Naturvorgänge und Naturbedingungen getan hat. Man braucht nur zu erinnern, wie Goethe zu der Vorstellung gelangt ist, jedes einzelne Pflanzenorgan als eine Umwandlung der anderen Pflanzenorgane, die an demselben Wesen vorkommen, anzusehen, das eine Glied eines natürlichen Wesens als eine Metamorphose des anderen Gliedes, dann aber wiederum die ganze Pflanze – und so auch auf höhere organische Wesen, Tiere und Menschen übertragen –, das ganze Wesen als eine zusammenfassende Metamorphose der einzelnen bedeutungsvollen Glieder anzusehen. Dazu war Goethe gekommen.

Durchdringt man sich mit dem, was für die Intuition in dieser Natureinsicht liegt, so ist es möglich, diese Einsicht in künstlerische Empfindung und künstlerische Gestaltung umzusetzen. Das ist versucht worden hier in unserer eurythmischen Kunst für gewisse künstlerisch ausgestaltete Bewegungen des menschlichen Körpers selbst. Und zwar soll das dadurch erreicht werden, daß das, was Goethe angeschaut hat zunächst für die Form, hier künstlerisch umgesetzt wird in Bewegung.

Wenn ich zusammenfassend ausdrücken will, was eigentlich in dieser eurythmischen Kunst unsere Absicht ist, so möchte ich sagen: Der ganze Mensch soll zu einer Metamorphose eines einzelnen Organes, eines allerdings hervorragenden, bedeutungsvollen Organes, des Kehlkopfes, werden. – So wie der menschliche Kehlkopf durch das Wort, durch den Ton das ausdrückt, was in der Seele lebt, so ist es möglich, daß, wenn man intuitiv die Kräfte erfaßt, welche im Kehlkopf und seinen Nachbarorganen bei der Lautformung, bei der Tonformung wirksam sind, man sie umsetzen kann in Bewegungsformen des ganzen menschlichen Organismus. Der ganze menschliche Organismus kann gewissermaßen ein sichtbarer Kehlkopf werden, wobei man sich nur klar vor Augen halten muß, daß dasjenige, was der menschliche Kehlkopf zum Ausdrucke bringt in Wort, in Ton, in der Harmonie, in der gesetzmäßigen Aufeinanderfolge der Laute und der Töne, nur die Anlagen zu gewissen Bewegungen innerhalb der Luftmassen selber sind, in denen eigentlich dasjenige, was Wort und Ton ist, zu seinem sinnlich-physischen Ausdrucke kommt.

So möchte ich sagen: Das, was als Gestaltungsform die Bewegung des menschlichen Kehlkopfes hineinschickt in eine Luftmasse, versuchen wir durch den ganzen menschlichen Organismus zum Ausdruck zu bringen.

Dann soll auch dasjenige, was Ton und Rede durchklingt als Seelenstimmung, als innere Empfindung, was erklingt in der künstlerischen Gestaltung der Rede in Rhythmus, in Reim, in Alliteration, in Assonanz und so weiter, nun zum Ausdruck dadurch kommen, daß wir Gruppen bilden, deren einzelne Glieder eben Rhythmus, rein innere Seelenstimmung, Weben der Empfindung und dergleichen zu dem noch hinzufügen, was die einzelne Persönlichkeit durch ihre Bewegungen zum Ausdruck bringt.

Vermieden, wesentlich vermieden ist bei uns alles dasjenige, was irgendwie nur ein augenblicklicher Ausdruck wäre desjenigen, was in der Seele vorgeht. So wie unser Kehlkopf nicht in irgendeiner augenblicklichen, erfundenen Bewegung zum Ausdrucke bringt, was in der Seele vorgeht, sondern so, wie im Kehlkopf eine Gesetzmäßigkeit gegeben ist in der Aufeinanderfolge der Laute und der Töne, so ist hier in dieser eurythmischen Kunst eine Gesetzmäßigkeit gegeben in der Aufeinanderfolge der Bewegung. Alle Mimik, alle Ausdrucksform, die bloß in der Geste liegen, sollen vermieden werden. Und alle Mimiken, wo sie heute auftreten werden, da bitte ich Sie, dies noch als in unserer Kunstform bestehende Unvollkommenheit aufzufassen. Wir sind noch durchaus nicht so weit, als wir schon gerne wären.

Von anderen ähnlichen Kunstformen unterscheidet sich, wie Sie aus diesen Worten schon werden entnehmen können, unsere eurythmische Kunst noch dadurch, daß der ganze menschliche Körper, nicht bloß etwa die Beine, in Bewegung kommt. Ich möchte sagen: Es wird hier in besonders hervorragendem Maße gar nicht mit den Beinen eine tanzartige Bewegungskunst entfaltet, sondern die Hauptorgane für diese Bewegungskunst sind gerade die menschlichen Arme.

So versuchen wir auf einem ganz bestimmten Gebiete dasjenige, was als Impuls in der Goetheschen Weltanschauung liegt, in unserer eurythmischen Kunst vorzuführen. Derjenige, welcher uns heute richtig beurteilen will, muß dasjenige, was wir bieten können, durchaus nur als einen allerersten Anfang, der als Anfang nur unvollkommen sein kann, aufnehmen. Er muß aber auch berücksichtigen, daß jene Gewohnheiten des künstlerischen Aufnehmens solcher Dinge entgegenstehen demjenigen, was in unserer eurythmischen Kunst eigentlich als das Wesentlichste wirkt. Hier ist nichts augenblicklicher Ausdruck, sondern alles ist einer innerlichen Gesetzmäßigkeit unterworfen, die auf einem intuitiven Studium der Bewegungsmöglichkeiten des menschlichen Organismus beruht, wie in der Musik selbst die Aufeinanderfolge der Töne einer Gesetzmäßigkeit unterworfen ist, wie im Sprechen, im Versemachen die Aufeinanderfolge der Laute und Worte einer ganz bestimmten Gesetzmäßigkeit unterworfen ist, so daß niemals irgend etwas aus augenblicklicher Willkür bei dieser eurythmischen Kunst entstehen kann, sondern, wenn zwei Menschen, die vielleicht in ihrer Individualität sehr verschieden voneinander sind, in eurythmischer Kunst etwas darstellen, oder zwei verschiedene Gruppen etwas darstellen, so kann die Verschiedenheit nur so weit gehen, wie etwa die Verschiedenheit der Auffassung verschiedener Klavierspieler, die eine und dieselbe Beethoven-Sonate spielen. Es handelt sich also darum, daß alles Subjektive, alles Willkürliche aus unserer eurythmischen Kunst ausgeschaltet ist.

Indem ich mir erlaubt habe, diese paar Worte vorauszuschicken, bitte ich Sie, daß Sie erkennen, daß Sie wissen, daß es sich durchaus nur um einen Anfang, um einen schwachen Anfang bei unserer eurythmischen Kunst handelt, von dem wir allerdings glauben, daß er einer weiteren Vervollkommnung fähig ist. Und so bitten wir Sie, das, was wir darstellen können, mit aller Nachsicht, die in solchen Dingen möglich ist, aufzunehmen. Wenn Sie uns so behandeln, dann hoffen wir, daß nach diesem ersten Versuch unsere Kräfte wachsen und wir oder vielleicht andere einmal auf diesem Gebiete in solchen Kunstformen auch etwas Besseres leisten können als schon heute.

DIE SUCHE NACH DEM NEUEN QUELL DES KÜNSTLERISCHEN

Dornach, 14. Februar 1920

Wer die Kunstentwickelung unserer Tage beobachtet, wird finden, daß von einer ganzen Reihe jüngerer kunststrebender Leute gewisse neue Ziele für die Kunstentwickelung angestrebt werden. Sie wissen ja, daß diese neuen Kunstbestrebungen unter den verschiedensten Schlagworten auftauchten. Wenn man nach den tieferen Gründen dieser oftmals außerordentlich bedenklichen Bestrebungen forscht, so findet man, daß eigentlich auf allen Kunstgebieten von künstlerischen Naturen selber heute empfunden wird, daß die Ausdrucksmittel, deren sich die Künste in den verschiedenen Epochen bedient haben, eigentlich erschöpft seien, und daß ein neuer Quell des Künstlerischen auf den verschiedenen Gebieten gesucht werden müsse; es müsse gewissermaßen wiederum appelliert werden an das elementare, primitive künstlerische Erleben des Menschen.

Dann aber, wenn solch ein Bestreben auftritt, muß man wenigstens ausgehen von einer ganz bestimmten Empfindung gegenüber dem Künstlerischen.

Nun hat alles Künstlerische, soweit es überschaut werden kann in der Weltentwickelung, wesentlich zwei Quellen. Die eine ist die äußere Beobachtung. Diese äußere Beobachtung kann nur dann der Kunst etwas liefern, was sie verarbeiten kann, wenn sie als Naturbeobachtung nicht erst durch Begriffe, Ideen und Vorstellungen durchgeht. Man hat in der neueren Zeit auf dem Gebiete verschiedener Künste versucht, nach dem unmittelbarsten ersten Eindruck, den, sagen wir zum Beispiel, irgendeine Landschaft machen kann, etwas Künstlerisches zu schaffen. Man fand, daß in dieser Beziehung auch die alten Mittel der Malerei erschöpft seien, daß man viel zu sehr nach Ideen, nach bereits verarbeiteten Natureindrücken gemalt hat, daß man viel mehr, ich möchte sagen, im Augenblicke, bevor man zum Nachdenken kommt, festhalten müsse, was einem in der Natur sich offenbart durch Licht und Luft und so weiter. Kurz, das Bestreben liegt da zugrunde, einmal etwas Künstlerisches hinzustellen, welches das Ergebnis einer äußeren Beobachtung ist, aber einer Beobachtung, die es nicht bis zum denkenden Erfassen bringt, denn das denkende Erfassen ist das Gegenteil alles Künstlerischen, ist eigentlich der Tod alles Künstlerischen. Wo viel symbolisiert, spintisiert, wo viel in Ideen ausgeheckt wird, wie man Formen anordnen, Farben anordnen soll und dergleichen, da wird die Kunst getötet. Daher hat man versucht, unmittelbare Eindrücke festzuhalten. Man nannte diese Impressionen und strebte nach einer impressionistischen Kunst.

Aber es stellt sich vorläufig für Malerei, für Plastik ein gewichtiges Hindernis entgegen. Wir können in der Gegenwart nur schwer finden – aber hier in diesem Bau ist es versucht worden –, plastisch und malerisch Form und Farbe nach dem unmittelbaren Eindruck so festzuhalten, daß man das rein Künstlerische auf sich wirken lassen kann, mit Ausschluß alles Ideellen, mit Ausschluß alles Gedanklichen. Und wenn einmal dieser Bau fertig sein wird, dann wird sich zeigen, daß hier nicht irgendwelche vertrackten mystischen Ideen durch plastische oder malerische Formen zu verkörpern gesucht worden sind, wenigstens in der Hauptsache nicht, daß hier keine Symbole verkörpert werden wollten, sondern daß unmittelbar in Formen und in Farben mit Überspringung des Vorstellungsmäßigen der Eindruck – sowohl der architektonisch-plastische, wie der plastisch-malerische – gesucht worden ist.

Auf der anderen Seite ist ein zweiter Quell des Künstlerischen das innere Erlebnis des Menschen, das sich zum inneren Anschauen erhebt. Und auch an diesen Quell des Künstlerischen hat man in der Gegenwart von verschiedenen Seiten wiederum appelliert. Man versuchte dasjenige, was man innerlich bloß empfinden, erleben kann, bis zur Expression zu bringen, man versuchte es zum Beispiel auf dem Gebiete der Malerei. Aber man kann sagen: In den Kreisen jüngerer Künstlerschaft, welche sich in dieser Richtung bemüht haben, sind denn doch bis jetzt nur bedenkliche Formen zum Ausdrucke gekommen, aus dem einfachen Grunde, weil alles, was Linie ist, was Farbe, was Form ist, in einer wirklich außerordentlich starken Weise demjenigen widerstrebt, was inneres menschliches Erlebnis ist, wenn man es technisch handhaben will.

Nun gibt es ja zwei Künste, die unmittelbar inneres menschliches Erlebnis ausdrücken wollen: die musikalische und die dichterische Kunst. Aber auch bei diesen Künsten zeigt sich, daß der Quell, den das neuere Kunstempfinden eröffnen möchte, im Grunde genommen in weiteren Kreisen, wo man ihn sucht, noch nicht gefunden werden kann.

Das Musikalische ist in seinen Formen – im harmonischen, melodiösen Element – zunächst nicht dazu geartet, unmittelbar das volle Innere, wie es der Mensch erlebt, auszusprechen, so daß das Musikalische dem Expressionistischen, dem Visionären außerordentlich stark widerstrebt und sogar in das Musikalische etwas Ungesundes hineinkommt, wenn es sich zum Visionären hinbegeben will.

Das Dichterische auf der anderen Seite ist furchtbar stark abhängig von der Entwickelung der menschlichen Sprache. Und da muß man sagen, daß unsere zivilisierten Sprachen bereits soweit gekommen sind, daß sie außerordentlich viel von dem konventionellen Gedankenelement in sich haben, so daß der Dichter heute genötigt ist, eigentlich auf Kosten des ursprünglichen, elementaren künstlerischen Empfindens sich wortwörtlich auszudrücken. Damit kommt er aber in das Gedankenelement hinein, das von vorneherein der Tod alles wirklich Künstlerischen ist. Man kann sagen, daß durch einen großen Teil des Dichterischen, welches heute entsteht, eigentlich die Kunst nicht einmal gefördert, sondern sogar zurückgedrängt und ertötet wird. Und man sieht das ganz besonders an dem, was heute den Leuten an den Dichtungen gefällt. Sie nehmen die Dichtungen auch oftmals hin wie Prosaisches, das durch seinen wortwörtlichen Inhalt wirken soll. Das wirklich Dichterische aber ist nur in dem musikalischen und in dem formalplastischen Elemente gelegen.

Wenn man sich wirklich vertieft in dasjenige, wovon unsere Geistesströmung ausgehen will, für die hier dieser Goetheanumbau der äußere Repräsentant ist, kommt man zur Ausgestaltung des Goetheanismus. Bei *Goethe* ist ja in seinem ganzen künstlerischen Wirken eines auffällig. Ich glaube, ich darf das sagen, denn ich habe sieben Jahre in Weimar am Goethe- und Schiller-Archiv selbst gearbeitet, an alledem teilgenommen, was da mehr oder weniger wie das Beste der

Gegenwart einem größeren Publikum unbekannt geblieben ist. Man kann sagen: Was da veröffentlicht worden ist von Weimar aus, macht Goethe zu einem außerordentlich wirksamen Schriftsteller. Man lernt heute von Goethe manches kennen durch dasjenige, was er nicht bewältigte. – Auf mich hat den größten Eindruck alles das gemacht, was Goethe im Laufe seines Lebens unternommen hat, was er nicht zu einer solchen Vollkommenheit gebracht hat, wie seine dramatischen Werke, «Iphigenie», «Tasso», «Faust», sondern was liegengeblieben, was in den ersten Anfängen steckengeblieben ist. Gerade das beweist, daß man im Goetheanismus nicht etwas hat, was mit Goethe selbst gestorben ist, sondern im Goetheanismus etwas haben kann, was noch in unserer Zeit wirkt und jetzt erst recht fruchtbar gemacht werden kann. Goethe hat einfach so große Kunst-Intentionen in sich getragen, daß er als sterblicher Mensch selbst nicht mehr fähig war, diese Dinge zu etwas anderem als zu Fragmenten zu bringen, so daß das Unvollendete in Goethes Schaffen eigentlich eine ungeheuer große Rolle spielt. Daher hat man immer das Gefühl, aus dem Goetheanismus kann viel, viel herausgeholt werden. Nun, herausgeholt ist diese Eurythmie, die des Menschen selber sich bedient als eines neuen künstlerischen Instrumentes, und die einen besonderen neuen Kunstquell eröffnen will.

Man kann nämlich sagen: Alles, was Sie hier auf der Bühne sehen werden an Bewegungen der menschlichen Arme, der anderen menschlichen Glieder, ausgeführt von Menschengruppen, ist durchaus nichts Willkürliches. Das sind nicht Zufallsgebärden, die zu irgendeiner Dichtung oder einem musikalischen Motiv hinzu erfunden sind, das ist etwas innerlich in einer solchen Gesetzmäßigkeit Komponiertes und auf solche Gesetzmäßigkeit aufgebaut wie das Musikalische selber, wenn es sich auslebt in dem Harmonischen oder sich offenbart in der Zeitfolge im melodiösen Elemente. Wie in der Musik nichts Willkürliches ist, sondern etwas innerlich Gesetzmäßiges, so ist es auch bei dieser sichtbaren, aber stummen Sprache der Eurythmie, die ganz besonders gestattet, künstlerisch sich zu offenbaren, sich durch das vollkommenste künstlerische Instrument zu offenbaren, durch den Menschen selber. – Es ist also eine stumme Sprache, die Sie hier von der Bühne aus durch Bewegungen der menschlichen Glieder oder durch Bewegungen von Menschengruppen sehen werden. Und diese stumme Sprache ist entstanden durch ein – ich gebrauche diesen Goetheschen Ausdruck – sinnlich-übersinnliches Schauen, durch eine übersinnliche Beobachtung desjenigen, was eigentlich vorgeht, wenn wir die gesprochene Sprache, welche der gewöhnlichen Dichtung zugrunde liegt, zur Offenbarung bringen und als menschliches Ausdrucksmittel verwenden. Da liegt etwas sehr Eigentümliches vor. Diese gesprochene Sprache ist ein Zusammenfluß desjenigen, was aus dem Gedanken des Menschen kommt, und desjenigen, was aus dem Willen kommt.

Nun liegt beim Kehlkopf und seinen Nachbarorganen die Sache so: indem da die Bewegungsantriebe ausgeführt werden, stoßen sie nicht an Muskeln, sondern sie teilen sich unmittelbar dem äußeren Elemente der Luft mit. Das ist ja die wunderbare Einrichtung unseres Kehlkopfes, daß er unmittelbar in seiner knorpeligen Konstitution an das äußere Luftelement angrenzt. Dadurch ist erst die Möglichkeit gegeben, daß dasjenige, was vom menschlichen Willen aus in den Kehlkopf und seine Nachbarorgane hineinwirkt, durchströmt wird von den Impulsen des gedanklichen Elementes. Aber dadurch kommt gerade auch in der Dichtung, die sich der Sprache bedienen muß, etwas Unkünstlerisches zustande, es kommt das Gedankenelement hinein. Doch auf dem Grunde dieses Gedankenelementes ist, aus dem ganzen Menschen herauskommend, das Willenselement. Ich möchte sagen: Der Gedanke schwimmt im Sprechen auf den Wellen des Willens.

Nun wird bei der eurythmischen stummen Sprache das Gedankenelement vollständig unterdrückt. Nur dasjenige, was der dichterischen Sprache als Takt, als Rhythmus, als Gestaltung, kurz, als plastisches und musikalisches Element zugrunde liegt, wird in die Bewegungen übertragen. Und das kann dadurch geschehen, daß – wenn man nicht lautlich sprechen läßt, sondern diejenigen Bewegungen, die sonst nur veranlagt sind im Kehlkopf und seinen Nachbarorganen, durch den ganzen Menschen oder durch Menschengruppen so regelmäßig ausführen läßt, wie sie sonst der Kehlkopf an die Luft überträgt – man dann das Willenselement hat, ihm widerstrebend die Muskelorganisation des Menschen. Es ist etwas anderes, ob die Bewegungstendenzen des Kehlkopfes und seiner Nachbarorgane mit Aufnahme des gedanklichen Elementes an die Luft übertragen werden und da also die Bewegungen der Luft, der Lautsprache entsprechend, hervorrufen, oder ob der Wille des Menschen aus dem ganzen Menschen heraus unmittelbar an den Muskelapparat stößt und die Glieder in Bewegung bringt. Dadurch wird ein ganz anderes hervorgerufen. Die kleinen, nicht mehr als Bewegung wahrgenommenen Vibrationen, welche der Sprache zugrunde liegen, kommen dadurch zustande, daß dem Kehlkopf nicht das muskulöse Element entgegensteht. Aber bei der stummen Sprache der Eurythmie wendet sich der Wille unmittelbar an das Muskelelement, an das ganze Bewegungselement des Menschen, an Muskelsystem und Knochensystem, und es bringt der ganze Mensch, der zum Kehlkopf wird in der stummen Sprache der Eurythmie, das zum Vorschein, was sonst nur die Lautsprache zum Vorschein bringt. Dadurch wird die Eurythmie für das Künstlerische, welches aus dem Rhythmischen, dem Taktmäßigen besteht, das ganz besonders aus dem Dichterischen und Musikalischen hervorgeht, ein neues künstlerisches Element schaffen.

Daher muß auch das rezitatorische Element, das mit dem musikalischen oftmals abwechselnd, aber als Hauptsächlichstes das begleitend, was als stumme Sprache auftritt, in anderer Weise gehandhabt werden, als heute die Rezitation oftmals gehandhabt wird. Und wird man schon mißverstehen dasjenige, was eigentlich gewollt wird mit dem eurythmischen Elemente, so wird man die Begleitung der Rezitation heute auch noch viel mehr mißverstehen können, weil sie nicht auf den wortwörtlichen Inhalt gehen kann – so würde sich die Eurythmie nicht rezitatorisch begleiten lassen –, sondern auf das eigentlich Künstlerische gehen muß, das in unserer heutigen unkünstlerischen Zeit gar nicht mehr an der Dichtung empfunden wird: an das Rhythmische, Taktmäßige, das erst dem wortwörtlichen Inhalt zugrunde liegt. Die Rezitationskunst selbst muß wiederum zu guten alten Formen des Rezitierens zurückkehren, die heute noch wenig verstanden werden.

Aber Sie werden sehen, gerade dann, wenn etwas schon als Dichtung eurythmisch gedacht ist, läßt sich das mit einer Sprachform der stummen Sprache der Eurythmie ganz besonders zum Ausdrucke bringen. Wir werden heute außer einigem anderen eine Szene aus einem meiner Mysterien eurythmisch zur Darstellung bringen, worinnen Weltengesetzmäßigkeiten ausgedrückt werden, und die künstlerischen Mittel zeigen, welche man anwenden muß, um dasjenige, was eigentlich in der Natur webt und lebt, zum Ausdruck zu bringen. Da steht dann der Mensch der Natur und der Welt überhaupt schon ungemein viel näher als in dem bloßen abstrakten Begreifen der sogenannten Naturgesetze, die eigentlich immer nur ein Äußeres der Natur ausdrücken.

Nun kann aber auch das Künstlerische, wenn es das innere Erlebnis ausdrücken will, in der Gegenwart nicht zurechtkommen, weil, wenn wir Farben, wenn wir Formen verwenden, gleichgültig ob wir den Griffel verwenden oder den Pinsel, diese Ausdrucksmittel noch mit äußerster Sprödigkeit dem inneren Erlebnis widerstreben. Deshalb nehmen sich die expressionistischen Bilder der heutigen jüngeren Maler so kurios aus, weil einfach die Mittel noch nicht gefunden sind, um dasjenige auszudrücken, was innerlich erlebt wird, aber noch nicht getrieben wird bis zum inneren Element, wo es Gedanke wird, da dies unkünstlerisch wäre. Auf der anderen Seite läßt sich die Natur nicht impressionistisch auslegen. Die Natur macht es gewissermaßen selber notwendig, wenn wir uns ihr menschlich gegenüberstellen, daß wir den Gedanken nicht ausschließen, sie läßt sich nicht impressionistisch auslegen; der eigentliche Eindruck von der Natur läßt sich nicht künstlerisch wiedergeben. Wenn man aber den Menschen als höheres Instrument nimmt, dann hat man das innere Erlebnis, das nicht bis zur gesprochenen Sprache kommt, also auch nicht bis zum gedanklichen Element, und man nimmt den Menschen selber, indem man durch seine Bewegungen – also das, was beobachtet werden kann – das innere Erleben mit Ausschluß des Gedankenelementes zur Anschauung bringt. Die Expression im unmittelbaren impressionistischen Eindruck, das ist dasjenige, was in der Eurythmie durchaus erreicht werden kann.

Nun behaupte ich durchaus nicht, daß Eurythmie die einzige Kunst ist, die andere Kunstformen ersetzen soll, aber ich behaupte, daß die Eurythmie anschaulich machen kann, wohin diejenigen mit den anderen Ausdrucksmitteln streben sollen, die heute aus einem guten, aber noch unvollkommenen, ich möchte sagen, kindlichen Empfinden nach neuen Kunstquellen suchen.

DER URSPRUNG DER SPRACHFÄHIGKEIT UND DIE GEBÄRDENSPRACHE DER EURYTHMIE

Dornach, 1. Juli 1923

anläßlich der pädagogischen Tagung am Goetheanum

Lassen Sie mich zuerst meine besondere Freude und Befriedigung darüber ausdrücken, daß wir heute den versammelten Lehrern hier wiederum eine Eurythmievorstellung vorzuführen in der Lage sind. Die Eurythmie in ihrem Wesen versuchte ich schon zu charakterisieren bei dem letzten lieben Besuch, den wir von dieser Seite empfangen haben, und ich möchte heute nur ein paar Einleitungsworte der Vorstellung vorangehen lassen.

Eurythmie kann in dreifacher Gestalt in unser gegenwärtiges Leben eintreten: erstens als Kunst, als künstlerische Eurythmie; zweitens vom pädagogisch-didaktischen Gesichtspunkte aus, gewissermaßen als eine Art beseeltes, durchgeistigtes Turnen, als pädagogisch-didaktische Eurythmie; und dann als ein gewisser Zweig der Therapie, als Heileurythmie.

Eurythmie als Kunst beruht darauf, daß der Mensch nicht nur die Möglichkeit hat, dasjenige, was in seinem inneren Wesen seelisch lebt, durch die hörbare Sprache und den hörbaren Gesang zur Offenbarung zu bringen, sondern auch entweder durch Bewegungen seiner eigenen Leiblichkeit, seiner Glieder oder auch durch Bewegungen von einzelnen Menschen oder Menschengruppen im Raume, wodurch dann eine wirklich sichtbare Sprache zustande kommt. Der Mensch redet und singt ja nicht aus dem physischen Leib heraus, sondern er singt, er redet aus der Seele heraus. Und den Ursprung des Sprachlichen und des Gesanglichen findet man eigentlich erst, wenn man zurückgeht auf das übersinnliche Wesen des Menschen. Dem äußeren physisch-sinnlichen, körperhaften Wesen des Menschen liegt zunächst der sogenannte Bildekräfte- oder Ätherleib zugrunde, der eine Verbindung des eigentlich Geistig-Seelischen mit dem physischen Leibe darstellt. Wenn wir uns durch die Lautsprache oder durch den Gesang offenbaren, dann kommt dies dadurch zustande, daß die beiden Elemente, welche im heutigen Menschen in der gegenwärtigen Entwickelung des Menschen auseinanderfallen, Atmung und Gedanke, daß diese beiden Elemente zusammentreten, daß dasjenige, was namentlich in der ausgeatmeten Luft sich gestaltet, geformt wird durch den Gedanken, durch die Vorstellung. Und man hat dann in dem, was in dem ausgeatmeten Luftstrom so gestaltet wird, daß es zur Erscheinung kommt im Laut, im Ton, eine Art durch den Gedanken gestalteter Gebärde. Bei dieser durch den Gedanken gestalteten Gebärde bleibt der Mensch – im wesentlichen wenigstens – mit seinen Bewegungsgliedern ruhig. Nur dann, wenn er das Gefühl hat, daß er das innere Erlebnis, welches er durch den Laut ausdrücken will, daß er das nicht vollständig durch den bloßen Laut, der vom Gedanken geformt ist, zum Ausdrucke bringen kann, dann greift er zur Gebärde. Und er unterstützt durch die gewöhnliche, alltägliche Gebärde das, was er spricht, wobei er gewissermaßen ein noch mehr Innerliches an Offenbarung zu der mehr konventionellen Sprache hinzufügt. Aber das sind andeutende Gebärden. Diese andeutenden Gebärden bedeuten eigentlich nie mehr als eine Art von Lallen. So wie die Sprache beim Lallen beginnt, dann zur ausgebildeten, artikulierten Sprache wird, kann man nun aber auch das gewöhnliche Gebärdenlallen, welches wir alle mehr oder weniger tun im Leben, zur völlig künstlerisch artikulierten Gebärde ausbilden, und dies geschieht in der Eurythmie.

Ein Ganzes in der gewöhnlichen Sprache bilden Atmung und Gedanke. Ebenso aber können ein Ganzes bilden der Rhythmus, welcher in der Blutzirkulation lebt, und die Bewegungen der menschlichen Glieder. Wie sich im einen Pol des Menschen Atmung und Gedanke zueinander verhalten, so verhalten sich im anderen Pol die Blutzirkulation, welche das Stoffliche auflöst, verbrennt, zu der Bewegung der Glieder. Und während wir, wenn wir durch die Verbindung von Gedanken und Atmung in der Sprache uns offenbaren, mehr dasjenige zum Ausdrucke bringen, was zwischen Mensch und Mensch lebt, so können wir, wenn wir jene geheimnisvollen inneren Vorgänge, welche sich im Zusammenhange zwischen der Bewegungsgebärde und dem innerlichen Verbrauch abspielen, der im Menschen in der Blutzirkulation wellenden und webenden Substanz, mehr dasjenige offenbaren, was der Mensch in seinem Verhältnisse zum Kosmos, zur ganzen Welt erlebt, erlebt allerdings im gewöhnlichen Bewußtsein oftmals auf unbewußte Art.

Geht man mit seiner Erkenntnis des Menschenwesens bis zum Ätherleib zurück, findet man durch den physischen Leib als Offenbarung vorhanden Gedanken, Gefühl, den Willen in der Bewegung.

Aber, meine sehr verehrten Anwesenden, Denken, Fühlen und Wollen gehen ineinander über. Und so paradox es klingt, im Äther- oder Bildekräfteleib ist es so, daß der Wille denkt und das Denken will. Diese beiden Tätigkeiten, Wollen und Denken, können ineinander übergehen; das Gefühl bleibt immer in ihrer Mitte. Die Sprache kommt aus dem Gefühl. Sie geht aus dem Gefühl in den Atem hinein, und der Gedanke formt das, was gesprochen wird. Ebenso geht das Gefühl in die Blutzirkulation.

Und die Bewegung, die Bewegungsgebärde kann das formen, was der Mensch innerlich dadurch, daß er – Sie wissen, Blut ist ein ganz besonderer Saft, es enthält das Innerste des Menschenwesens im Verhältnisse zur Welt – das entsprechende Verhältnis zwischen jenem Rhythmus vorbildet, welcher eigentlich ein Rhythmus des Makrokosmos ist und im menschlichen Blutkreislauf mikrokosmisch zur Darstellung kommt. Was die Welt als Makrokosmos im Menschen, im menschlichen Mikrokosmos, sprechen will, kann durch die sichtbare Sprache der Eurythmie, durch die ausdrucksvolle Gebärde gesprochen werden. Geradeso wie unbewußt die Natur aus dem Kinde die Lautsprache heraustreibt, so kann man, wenn man das Menschenwesen wirklich versteht, mit einer Erkenntnis von dem Verhältnis des Willens zur Blutzirkulation durch den Ätherleib sinnvolle Bewegungen herausbekommen, so sinnvoll, wie die Laute der Sprache, wo je eine Bewegung zu einer bestimmten Seelenäußerung gehört wie der einzelne Buchstabe der Sprache. So kann man eine sichtbare Sprache herausbekommen, die nichts Willkürliches enthält, die nicht aus augenblicklichen, erfundenen Gebärden besteht, sondern aus einer inneren Gesetzmäßigkeit der menschlichen Organisation wie die Lautsprache oder der Gesang selber. Dadurch ist man imstande, das, was in der Dichtung von einem Pol des Menschen aus, vom Atmungs-Gedankenpol, dargelegt werden kann, vom Bewegungs-Blutzirkulationspol aus darzustellen. So entsteht dieses orchestrale Zusammenwirken, welches Ihnen in der künstlerischen Eurythmie entgegentritt, wo Sie in dem Bühnenbild sehen, wie der Mensch die kosmische Sprache spricht.

Auf der anderen Seite wird das Gedicht deklamiert und rezitiert, durch Deklamatorisches oder Rezitatorisches zur Darstellung gebracht. Ich möchte sagen, wie im Orchester zwei Instrumente zusammenwirken, geschieht das. Allerdings muß auch die Deklamation oder Rezitation, die schon innere Eurythmie ist, welche in jeder wahren Dichtung enthalten ist – in der heutigen Zeit, die etwas unkünstlerisch ist, hat man kein rechtes Gefühl für wirkliche Deklamation und Rezitation –, diese zur Darstellung bringen.

Frau Dr. Steiner hat jahrelang versucht, diese Kunst wieder zur Geltung zu bringen. Wirkliches Deklamieren, wirkliches Rezitieren, kann man heute noch verkennen. Man wird gerade, wenn Rezitation und Deklamation die Eurythmie zu begleiten haben, sehen, wie notwendig es ist, daß auf der einen Seite das Bildhaft-Imaginative, auf der anderen Seite das Musikalisch-Thematische, Rhythmische, Taktmäßige bei dieser Rezitation und bei allem wirklichen Rezitieren und Deklamieren zur Offenbarung kommt, nicht das prosaische Pointieren, wo dann jeder Dilettant glaubt, daß er auch deklamieren und rezitieren kann, sondern dasjenige, was künstlerische Gestaltung der Sprache ist, in dem das eigentlich Dichterische liegt. Soviel über das Künstlerische der Eurythmie.

Eurythmie hat dann ihre pädagogisch-didaktische Seite. Sie läßt den Menschen Bewegungen ausführen, aber jede einzelne Bewegung ist durchgeistigt und durchseelt. Dadurch ist sie etwas, was den Menschen in die Welt, in das Leben so hineinstellt, wie das bloße Turnen es nicht kann. Das Turnen ist aufgekommen in einer Zeit, in welcher der Materialismus seine besondere Blüte zu treiben anfing. Man hat eingesehen, daß der menschliche Wille im Turnen in Übung kommen kann, allein es war die Zeit, wo man gewohnt war, nur hinzuschauen auf den menschlichen physischen Organismus. Dadurch fragt man immer: Welche Bewegungen sollen ausgeführt werden aus den Gesetzen des physischen Organismus heraus? – Aber der Mensch wird dabei nicht voll erfaßt. Ich will ganz gewiß nichts gegen das Turnen sagen. Wir haben selbst in der Waldorfschule das Turnen eingeführt in dem Augenblicke, wo wir das nach den materiellen Mitteln konnten, und es wird heute das Turnen, das physische Turnen gerade eifrig auch getrieben, so wie das beseelte, das durchgeistigte Turnen der Eurythmie in der Waldorfschule getrieben wird. Aber berücksichtigt werden muß, daß, während das gewöhnliche Turnen nur immer nach dem physischen Leibe des Menschen fragt, daher eigentlich das Geistig-Seelische unterdrückt, Eurythmie in pädagogisch-didaktischer Weise den ganzen Menschen nach Leib, Seele und Geist so in Bewegung bringt, daß in jeder einzelnen Bewegung sein Seelenwesen liegt, sozusagen wie von den Lippen sein Seelenwesen ausfließt, wenn er spricht.

Dadurch kommt es auch, daß die Kinder im schulpflichtigen und im anderen Alter sich mit derselben Selbstverständlichkeit in die Eurythmie hineinfinden, wie sie sich als ganz kleine Kinder in das Sprechen hineinfinden. Die Kinder fühlen, wenn der Eurythmieunterricht richtig getrieben wird, wie es eigentlich eine selbstverständliche Offenbarung der Menschennatur ist, dieses Eurythmisieren. Wie es selbstverständlich ist, daß der Mensch seine Seele durch die Sprache ausgießt, in die Weltenlüfte durch den Gesang hinausschickt, so wird es dem Menschen auch selbstverständlich, sein ganzes Seelenwesen dann mehr nach dem Willen hin zu orientieren in gebärdenhaften Bewegungen seiner Glieder und in Bewegungen im Raume, die geradeso ausgestaltet sind, nach außen hin zu offenbaren, wie durch Stärkung, Durchseelung, Durchgeistigung nach dem Inneren hin zu arbeiten.

Das dritte ist, daß Eurythmie auch eine Art von Therapie darstellt. Wir wollen ganz gewiß nicht in dilettantischer oder laienhafter Weise Heilmittel ersinnen, aber wenn die künstlerischen oder pädagogisch-didaktischen eurythmischen Bewegungen so umgeformt werden, daß sie in einer gewissen Weise zurückwirken auf die menschliche Natur, bessern sich gewisse Zustände in der Natur. So bekommt man, nicht mit denselben Bewegungen, die Sie hier in künstlerischer Eurythmie sehen, aber mit etwas umgeformten, metamorphosierten Bewegungen, dasjenige, was bei gewissen Erkrankungs- und Schwächungsprozessen heilend, therapeutisch auf den Menschen einwirken kann. In dem Klinisch-Therapeutischen Institut von Frau Dr. Wegman in Arlesheim, ebenso in unserem Klinisch-Therapeutischen Institut in Stuttgart wird die Heileurythmie als ein Teil der Therapie betrieben und trägt, wie jetzt schon durchaus nachweisbar ist, ebenso ihre guten Früchte, wie durch die Waldorfschule nachweisbar ist, daß die pädagogisch-didaktische Eurythmie ihre guten Früchte trägt.

Aber auch heute möchte ich wie immer vor solchen Vorstellungen, Vorstellungsversuchen, die verehrten Zuschauer um Nachsicht bitten. Wir wissen, daß wir überall, in allen Seiten der Eurythmie noch im Anfange der Entwickelung dieser Kunst, dieses pädagogischen Teiles, dieser therapeutischen Zugabe stehen, wissen, daß das viel Entwickelung noch brauchen wird. Aber derjenige, der sich in die Dinge einlebt, kann auch wissen, daß unermeßliche Entwickelungsmöglichkeiten in ihr vorhanden sind, weil man sich des vollkommensten Instrumentes bedient, dessen man sich überhaupt bedienen kann, des ganzen Menschen, wie es nicht einmal die mimische Kunst, die nur teilweise, möchte man sagen, wie eine Zugabe den Menschen zum Sprachlichen benützt. Und so kann man hoffen, daß Eurythmie immer sich mehr und mehr vervollkommnen wird, daß einmal die Zeit kommen werde, wo man nicht mehr bloß um Nachsicht bitten muß, weil Eurythmie erst im Anfange ihres Werdens sein wird, sondern diejenige Zeit kommen wird, wo Eurythmie anerkannt sein wird als eine vollgültige jüngere Kunst neben den anderen vollgültigen älteren Künsten.

DIE BEWEGUNG ALS SPRACHE DER SEELE

Dornach, 27. April 1924

In der Eurythmie, von der wir nunmehr wieder eine Darstellung vor Ihnen zu unternehmen uns erlauben, wird versucht, aus den Bewegungsmöglichkeiten des menschlichen Organismus heraus, die dann übertragen werden auf die Bewegungen von Menschengruppen auch, dasjenige zu schaffen, was zunächst sich ausnimmt wie entwickelte Gebärden des Menschen. Und Sie werden auf der Bühne an dem bewegten Menschen, der bewegten Menschengruppe dasjenige sehen, was als Gebärde zunächst sich offenbart. Allein in dieser Eurythmie wird die Gebärde zu einer wirklichen Sprache. Nicht wahr, wir haben am Kinde zunächst, bevor es dazu kommt, in der Formung der Sprachlaute dasjenige auszudrücken, was in der Seele lebt, eine Art von Lallen, das erst einlaufen muß in die artikulierte Sprache. Und dann haben wir im gewöhnlichen Leben am Menschen, wenn er sich genötigt fühlt, mehr Innigkeit zu geben seiner Lautsprache, die Tatsache, daß er mit der Gebärde versucht, die Lautsprache zu begleiten, wodurch er sie persönlicher, inniger, seelenhafter macht.

Wenn wir dann diese einfach aus einem gewissen unwillkürlichen Fühlen hervorgehenden Gebärden nehmen als eine Art von Lallen durch Bewegung, so können sie aber weiter fortgeführt werden. Geradeso wie das Lallen des Kindes zur wirklichen Seelenoffenbarung wird, so kann das Fortführen der Gebärde, welche man bei verschiedenen Menschen oder Völkern, je nachdem sie wirken wollen, persönlicher oder unpersönlicher, auch verschieden stark angewendet findet, auch weiter ausgebildet werden bis zur wirklichen Sprache.

Das kann man nun nicht etwa in Willkür so machen, daß man einfach irgendeinen Inhalt nimmt, um diesen dann, so wie man glaubt, in Bewegungen auszudrücken, dann sich einfach seiner Bewegung überläßt – so wird das niemals eine wirkliche ausdrucksvolle Bewegung. Es wäre gerade so, wie wenn man die Sprache der Willkür überließe und sich gestatten würde, da, wo nun einmal in der Sprache nach dem Ausdrucke der Seele ein A sein soll, dafür ein I zu setzen oder dergleichen, sondern es handelt sich darum, daß man genauso wie jeder Laut – sei es ein Vokal oder sei es ein Konsonant – zur Offenbarung dasjenige bringt, was die Seele erlebt, so kann auch diese oder jene Bewegung zur Offenbarung bringen, was die Seele erlebt. Man muß sich nur klar sein darüber, daß in den zivilisierten Sprachen das Sprechen sich sehr weit von seinem Ursprunge entfernt hat, und es ist gerade dies der Grund, daß wir eine Vielheit von Sprachen haben, weil sich die Sprachen allmählich von ihrem Ursprunge entfernten. Bei den einfachen Lauten kann noch überall gesehen werden, wie sie Ausdruck von gewissen Seelenerlebnissen sind.

Das A oder Ach bleibt einmal Ausdruck von Verwunderung, das E bleibt einmal Ausdruck des Gestörtseins und so weiter. Und wenn wir dann in den Vokalen durch den Ausdruck von inneren seelischen Erlebnissen Gefühle empfinden, Skalen von Gefühlen und Empfindungen, so haben wir in den Konsonanten überall dasjenige, was äußerlich Geschehendes oder äußerlich Daseiendes nachahmt. Unsere Sprache ist in dieser Beziehung wirklich ein fortwährendes Ineinanderweben desjenigen, was wir in den Konsonanten von außen nachahmen, mit demjenigen, was wir aus unserer Empfindung dazu tun bei äußeren Ereignissen, welche uns so oder so, sympathisch, antipathisch oder was dazwischen liegt, berühren.

Nun entspricht wirklich genauso wie Laut, Satz, dann die Satzwendungen, Fragesatz, Ausrufesatz, gewöhnlicher Behauptungssatz oder in der Dichtung der Reim, das Metrum und so weiter, so wie in der Sprache das dem seelischen Erlebnis entspricht, so kann genau in derselben Weise ein Bewegungsausdruck des menschlichen Organismus gefunden werden, und zwar so, daß dieser Bewegungsausdruck so eindeutig ist wie der Laut selber. Das ist die eine Seite der Eurythmie, die Lauteurythmie.

Die andere Seite ist die Toneurythmie. Da wird die Bewegungsmöglichkeit des menschlichen Organismus zum sichtbaren Gesang. Da haben wir, so wie wir die Laute der Lauteurythmie, in welcher der Mensch oder Menschengruppen sich bewegen, begleitet haben von der Rezitation oder Deklamation, auf der anderen Seite den sichtbaren Gesang, die Toneurythmie, begleitet von der Instrumentalmusik. Und ebenso wie jeder Laut, jede Lautverbindung, jede Ausgestaltung des Satzes, jede Form des Satzes, so daß der Satz ein Ausdruck des Seelischen ist, wie all das in der Lautsprache zum Ausdruck kommt, so kann wiederum jeder Ton, jede Musikphrase, jede Melodie, der Rhythmus in der Musik, die Harmonie, alles das kann als ein sichtbarer Gesang zum Ausdruck kommen. Und man bekommt auf diese Weise tatsächlich in einer besonderen Formensprache eine Kunst, welche sich des Menschen selber als ihres Instrumentes bedient, und zwar so, daß man dabei alles das, was der Mensch als ruhende Form enthält, dieser ruhenden Form gemäß in Bewegung bringt.

Nun studieren wir die ruhende Form in ihrer inneren Ausdrucksmöglichkeit und kommen dabei zur Bildhauerei, zur Plastik. Wenn man eine unbefangene Empfindung hat, so schaut man in demjenigen, was man plastisch-räumlich gestaltet, die schweigende Seele. Und eigentlich ist jede Plastik, welche nicht das Dauernde der Seele ausdrücken will, Temperament, Charakter, die ganze innere Seelensituation des Menschen, kurz, alles dasjenige, was in der Seele zu einer labilen Ruhe gekommen ist, dann, wenn sie die augenblickliche Bewegung der Seele ausdrücken will, eigentlich keine Plastik mehr. Es ist ein vollkommener Widerspruch zwischen dem, daß das plastische Kunstwerk in sich ruht im Raume, und etwas anderes ausdrücken sollte als die schweigende Seele, die in sich ruhende Seele.

Wenn wir aber die in sich sprechende Seele zur Darstellung bringen wollen, dann müssen wir den Menschen selber als unser Instrument, als unser Werkzeug verwenden. Und dann müssen wir uns klar sein, daß jedes, was am Menschen Form ist, eigentlich fortwährend in Bewegung übergehen will.

Denken Sie doch nur einmal, daß eine menschliche Hand, wenn sie die ruhende Form ist, im Grunde genommen ein Widerspruch ist in sich. Die Form der menschlichen Hand zeigt, daß diese menschliche Hand in ihrer Form übergeführt werden soll in die Bewegung. Die gehaltene Hand trägt in sich schon wie embryonal die greifende, die weisende, die zeigende, die winkende Hand. In dem Augenblicke aber, wo die ruhende Hand übergeht in die winkende Hand, in die greifende Hand, in diesem Augenblicke wird die Bewegung des Menschen zum Ausdruck der sprechenden Seele wie die Werke der Bildhauerkunst der schweigenden Seele.

Nun ist es so, daß der Mensch eigentlich in sich das ganze Weltenall enthält. Wir sind ja, wenn wir nur die irdischen Verhältnisse betrachten, mit unserer Betrachtung außerordentlich arm. Da schauen wir hinaus in die Welt, da ist vieles um uns herum. Dann ist in uns die Summe unserer Gedanken, unserer Vorstellungen, an die sich die Empfindungen anranken. Und man könnte jetzt einmal folgendes sagen: Ich nehme einen Menschen, der viel von der Welt erfahren hat, der ein aufmerksamer Beobachter war seiner ganzen Umgebung. Nun schaue ich auf die Umgebung. Und dann, wenn ich in der Lage wäre, durch irgendeinen Vorgang in dieses Menschen Seele hineinzuschauen, so würde ich eine seelische Photographie der Umgebung finden. Dasjenige, was im menschlichen Gedanken lebt, ist eine seelische Photographie der Umgebung.

Nun ist aber im Menschen – das ist ein scheinbarer Widerspruch, dennoch ist es so – noch vieles andere als seine Gedanken. Er ist eine Organisation, der Mensch. Es scheint zunächst physisch, aber kommt es denn vielleicht auf das Physische gar nicht zu stark an beim Menschen? In unserer heutigen materialistischen Zeit meinen wir, daß es auf das Physische ankommt. Aber wenn wir meinen, daß es auf das Physische ankommt, dann ist es so, wie wenn ich dahin gehe, dieses Bild – das Oster-Eurythmieprogramm – mir anschaue und sage: Ich untersuche dort die violette Farbe, die bräunlichviolette Farbe, ich untersuche alle Einzelheiten. Ich beschreibe dann, wie die blaue Farbe über der violetten Farbe ist, die gelbe Farbe unter der grünen Farbe. Ich beschreibe das alles. Aber das ist nicht das Wesentliche, sondern das Wesentliche ist, was da zum Ausdrucke kommt. Das Materielle ist nicht das Wesentliche.

Und so, sehen Sie, ist es, wenn ich den physischen Menschen betrachte. Es ist tatsächlich eine recht kindlich naive Betrachtung, welche durch die heutige Wissenschaft gemacht wird. Diese Organisation des Menschen drückt aus, wenn man sie als Bild faßt, das ganze Weltenall. Allein gerade unsere seelischen, sogenannten geistigen Vorstellungen drücken die physische Umwelt aus, und das, was wir physisch in uns tragen, wenn wir es nur richtig betrachten können, drückt das ganze Weltall aus. Denn der Mensch ist ein Mikrokosmos. Das ist die Form. Und bringt er nun diesen Mikrokosmos in Bewegung, drückt er alles dasjenige, was in der Form lebt, aus, indem er es in Bewegung übergehen läßt, dann spricht in der Tat das ganze göttlich-geistige Weltenall durch das Instrument des Menschen, so daß man sagen kann: Der Mensch ist gegenüber dem Makrokosmos, der großen Welt, ein Mikrokosmos, eine kleine Welt. – Die Kunst ist überhaupt, wenn wir sie nun in ihrer Tätigkeit betrachten, gegenüber dem großen Schaffen, der großen Schöpfung, eine kleine Schöpfung, und im eminentesten Sinne kann man die kleine Schöpfung vollziehen, wenn man sie durch das Instrument vollzieht, das alle Weltengeheimnisse und alle Weltengesetze in sich konzentriert enthält: das ist der Mensch.

Daher kann man schon durch die Eurythmie, wenn man loslöst von der ruhenden menschlichen Form, welche die schweigende Seele ausdrückt, wenn man das herausbekommt, wenn man die Form in die Bewegung übergehen läßt, alle Weltengeheimnisse zum Ausdruck bringen. Will der wirkliche Dichter die wirklichen Weltengeheimnisse zum Ausdruck bringen, so legt er schon eine Art geheimer Eurythmie in seine Sprache.

Begleitet man die Eurythmie durch Deklamation und Rezitation, so muß man das so tun, wie es hier geschieht, daß tatsächlich nicht der Prosainhalt der Dichtung pointiert wird und auch nicht so rezitiert wird, daß man in künstlicher Weise, nicht in künstlerischer, sondern in künstlicher Weise Gefühle hineinpumpen will in Rezitation und Deklamation. Das ist dasjenige, was eine unkünstlerische Zeit, wie sie die heutige ist, so gern tut im Rezitieren, Gefühl in den Inhalt, in den Prosainhalt hineinpumpen, oder auch Begeisterung hineinpumpen. Aber in den Inhalt der Dichtung kann man das nicht, wenn es bei der Kunst bleiben soll, hineinpumpen, sondern man kann nur verstehen, wie auf der einen Seite wirklich in den

Lauten Imaginationen durch den Dichter dargestellt werden, wie in der Behandlung der Sprache ein Musikalisches oder ein Plastisches liegen. Das muß in der Rezitation zum Ausdruck kommen. So wird dasjenige, was zum Beispiel im wirklichen, richtigen schnellen Rhythmus verläuft, von selbst dasjenige zum Ausdruck bringen, was mit einem Gefühle geoffenbart werden soll; dasjenige, was im langsamen Rhythmus verläuft, wird etwas anderes. Wenn das Melos in die Sprache hineingreift, so wird die ganze Skala der Gefühle in der Behandlung der Sprache, nicht in dem künstlichen Hineinpumpen der Gefühle bestehen. In der Art und Weise, wie der Dichter die Sprache behandelt, ist schon eine geheime Eurythmie vorhanden. Die muß auch durch das Rezitieren und Deklamieren zum Ausdruck kommen. Und so handelt es sich darum, daß durch Eurythmie ein wirklicher sichtbarer Gesang und eine sichtbare Sprache geschaffen werden sollen.

Man kann gerade, indem hier in Begleitung der Instrumentalmusik die Toneurythmie auftritt, den Unterschied sehen, kann sehen, was für ein Unterschied ist zwischen dem Tanz und dem, was toneurythmisch, das heißt, bewegt gesungen, nicht getanzt, zum Ausdruck kommt. Lernt man unterscheiden die Eurythmie und unterscheiden die Toneurythmie vom Tanz, dann wird man schon begreifen, was eigentlich Toneurythmie will, und dann wird man schon auch den Übergang hinüber finden zum richtigen Verstehen dessen, was die Lauteurythmie will.

Aber es ist durchaus begreiflich, daß in unserer Zeit noch, wo man so sehr abweisend und ablehnend gegen alles Neue ist, ein geringeres Verständnis herrscht im allgemeinen sowohl für dasjenige, was Eurythmie will, wie deklamiert und rezitiert werden muß. Wir verstehen das alles, wissen dieses auf der einen Seite, wissen aber doch, daß damit, was hier getan wird, der Anfang gegeben ist zu einer gewissen Entwickelungsströmung in der Kunst, welche in der Zukunft voll herauskommen wird.

Auf der anderen Seite wissen wir sehr genau, daß es sich eben erst um einen Anfang handelt. Darinnen sind wir dann unsere strengsten Kritiker, und was einzuwenden ist, wissen wir eigentlich durchaus selber. Wir beachten es insoferne, als wir den Übergang suchen zu immer größerer Vollkommenheit. Erst vor kurzem hat hier innerhalb der Schule ein toneurythmischer Kurs stattgefunden, der wiederum um ein Stück weiterbringen soll.

Aber wenn so leichtherzig gesagt wird, daß man ja in den anderen Künsten das alles schon hätte, was hier versucht wird, man könnte ja einfach bei der Sprache bleiben, beim Anfange bleiben, so zeigt das, daß man doch nicht das richtige Gefühl hat für das Künstlerische. Denn wer dieses richtige Gefühl für das Künstlerische hat, der hat auch zu gleicher Zeit in sich die Sehnsucht nach einer Erweiterung des künstlerischen Feldes. Und wirklich aus dieser Sehnsucht nach Erweiterung des künstlerischen Feldes, das heißt, aus ganz urkünstlerischen Motiven ist dasjenige entsprungen, was hier als Ton- und Lauteurythmie auftreten soll. Und deshalb halten wir uns davon doch überzeugt, daß immer mehr und mehr Verständnis gerade in künstlerisch empfindenden Herzen für diese Eurythmie auftreten wird. Denn es wird schon so sein, wie von echten Künstlern empfunden wird, wie zum Beispiel *Anastasius Grün* es so schön zum Ausdrucke gebracht hat, wann der letzte Dichter leben wird. Er wird leben, wenn die irdische Welt selber ihrem Untergange entgegengehen wird, denn solange auf der Erde Leben ist, so lange wird es Dichtung geben. – So lange aber wird es auch Kunst geben und künstlerischen Sinn. Und wir sind überzeugt davon, solange es künstlerischen Sinn geben wird, wird es auch die Freude an einer Erweiterung der Kunst geben. Aus diesem Wollen einer Erweiterung der Kunst, aus dieser Freude an einer Erweiterung der Kunst ist die Eurythmie doch hervorgegangen. Deshalb darf man hoffen, daß sie allmählich neben den anderen Künsten sich auch in die künstlerische Entwickelung der anderen Künste einleben dürfte.

HINWEISE

Die in dieser Sonderausgabe ausgewählten Programmtexte für die Eurythmiedarbietungen in Zürich und in Wien und die folgenden vier Ansprachen zu Eurythmievorstellungen von Rudolf Steiner sind den beiden grundlegenden Werken «Die Entstehung und Entwickelung der Eurythmie» und «Eurythmie – die Offenbarung der sprechenden Seele» entnommen. In beiden Veröffentlichungen geht Rudolf Steiner auf die Grundelemente der neuen Bewegungskunst ein, beschreibt im besonderen in den Eurythmie-Ansprachen von immer neuen Gesichtspunkten ausgehend die Fortbildung der Goetheschen Metamorphosenanschauung im Bereich der menschlichen Bewegung. So muß vor allem auf «Die Metamorphose der Pflanzen» in Goethes naturwissenschaftlichen Schriften hingewiesen werden. Rudolf Steiner hat diese Schriften in den achtziger, neunziger Jahren des vorigen Jahrhunderts in der von Joseph Kürschner begründeten «Deutschen National-Literatur» herausgegeben und wurde daraufhin nach Weimar zur Herausgabe der gleichen Schriften im Rahmen der Sophien-Ausgabe berufen.

Ferner machen wir darauf aufmerksam, daß die Entwicklung der Eurythmie parallel ging mit der Entstehung des Goetheanum in Dornach (Grundsteinlegung 1913). In diesem Bau fanden bis zum Jahresende 1922 die Eurythmie-Aufführungen statt, und es entwickelten sich nebeneinander der neue Baustil und die eurythmische Bewegungskunst. Auf dieses Zusammenwirken innerhalb der bildenden und der Bewegungskünste kommt Rudolf Steiner in den hier vorliegenden Ansprachen zu sprechen. Er erwähnt auch die von ihm geschaffenen Vier Mysteriendramen, welche im Goetheanum zur Aufführung gelangen sollten. Durch den Brand des Baues in der Silvesternacht 1922 ist es dazu nicht gekommen, nur einzelne Szenen wurden in eurythmisch-dramatischer Gestaltung dargestellt. Heute werden die Dramen regelmäßig im zweiten Goetheanum aufgeführt.

Im weiteren findet der Leser im Anschluß an diese Hinweise eine Übersicht über die Rudolf Steiner Gesamtausgabe und damit die Werke aufgeführt, welche das Fundament für die von Rudolf Steiner in diesen Ansprachen mitgeteilten Forschungsergebnisse der Anthroposophie bilden. Das bezieht sich einmal auf alles geschichtliche Werden und ferner auf das Wesen der Menschennatur, wenn beispielsweise von dem Bildekräfte- oder Ätherleib die Rede ist. In den genannten Schriften werden sowohl die Entwicklung des Menschen im Zusammenhang mit den Naturreichen als auch die Entwicklungsstufen der Erde und des Kosmos geschildert.

Zu Seite:

7 *Von der Anschauung Goethes:* «Das Schöne ist eine Manifestation geheimer Naturgesetze, die uns ohne dessen Erscheinung ewig wären verborgen geblieben». Sprüche in Prosa, Kunst, Nr. 811. Taschenbuchausgabe Stuttgart 1967.

8 *L. van der Pals:* Leopold van der Pals: St. Petersburg 1884–1966 Arlesheim. Komponist.

Max Schuurman: Arnheim/Holland 1889–1955 Arlesheim. Musiker und Komponist.

Jan Stuten: Nymwegen/Holland 1890–1948 Arlesheim. Musiker und Komponist.

26 *Frau Dr. Steiner:* Marie Steiner-von Sivers, Wlotzlawek/Rußland 1867–1948 Beatenberg/Schweiz. Seit 1902 die engste Mitarbeiterin Rudolf Steiners. 1914 übernahm sie die Leitung der eurythmischen Ausbildung und wurde 1923 Leiterin der Sektion für redende und musikalische Künste am Goetheanum. Ihre Hauptinszenierungen: Vier Mysteriendramen von Rudolf Steiner und Goethes «Faust» I und II ungekürzt.

27 *Waldorfschule:* Die Freie Waldorfschule, Stuttgart, wurde begründet 1919 durch Emil Molt, 1876–1936, den Direktor der Waldorf-Astoria Zigarettenfabrik; sie stand unter der Leitung von Rudolf Steiner bis zu dessen Tod, 1925.

28 *Frau Dr. Wegman:* Dr. med. Ita Wegman, Java 1876–1943 Arlesheim. Begründerin des Klinisch-Therapeutischen Institutes im Jahre 1921, heute Ita Wegman-Klinik. Mitarbeiterin Rudolf Steiners auf dem medizinischen Gebiete, 1923 Leiterin der medizinischen Sektion am Goetheanum.

32 *Oster-Eurythmieprogramm:* Aquarell von Rudolf Steiner: Ostern (Drei Kreuze). Eine Farbreproduktion im Originalformat erschien 1966 im Rudolf Steiner Verlag.

35 *Ein toneurythmischer Kurs:* Rudolf Steiner «Eurythmie als sichtbarer Gesang» (8 Vorträge Dornach 1924), Bibl.-Nr. 278, Gesamtausgabe Dornach 1975.

Anastasius Grün: Anton Alexander Graf von Auersperg, Dichter des 19. Jahrhunderts, Laibach 1806–1876 Graz.

RUDOLF STEINER GESAMTAUSGABE

Gliederung nach: Rudolf Steiner - Das literarische
und künstlerische Werk. Eine bibliographische Übersicht
(Bibliographie-Nrn. *kursiv* in Klammern)

A. SCHRIFTEN

I. Werke

Goethes Naturwissenschaftliche Schriften, eingeleitet und kommentiert von R. Steiner, 5 Bände, 1883/97, Neuausgabe 1975, *(1a-e)*; separate Ausgabe der Einleitungen, 1925 *(1)*
Grundlinien einer Erkenntnistheorie der Goetheschen Weltanschauung, 1886 *(2)*
Wahrheit und Wissenschaft. Vorspiel einer ‹Philosophie der Freiheit›, 1892 *(3)*
Die Philosophie der Freiheit. Grundzüge einer modernen Weltanschauung, 1894 *(4)*
Friedrich Nietzsche, ein Kämpfer gegen seine Zeit, 1895 *(5)*
Goethes Weltanschauung, 1897 *(6)*
Die Mystik im Aufgange des neuzeitlichen Geisteslebens und ihr Verhältnis zur modernen Weltanschauung, 1901 *(7)*
Das Christentum als mystische Tatsache und die Mysterien des Altertums, 1902 *(8)*
Theosophie. Einführung in übersinnliche Welterkenntnis und Menschenbestimmung, 1904 *(9)*
Wie erlangt man Erkenntnisse der höheren Welten? 1904/05 *(10)*
Aus der Akasha-Chronik, 1904/08 *(11)*
Die Stufen der höheren Erkenntnis, 1905/08 *(12)*
Die Geheimwissenschaft im Umriß, 1910 *(13)*
Vier Mysteriendramen, 1910/13 *(14)*
Die geistige Führung des Menschen und der Menschheit, 1911 *(15)*
Anthroposophischer Seelenkalender, 1912 *(in 40)*
Ein Weg zur Selbsterkenntnis des Menschen, 1912 *(16)*
Die Schwelle der geistigen Welt, 1913 *(17)*
Die Rätsel der Philosophie in ihrer Geschichte als Umriß dargestellt, 1914 *(18)*
Vom Menschenrätsel, 1916 *(20)*
Von Seelenrätseln, 1917 *(21)*
Goethes Geistesart in ihrer Offenbarung durch seinen Faust und durch das Märchen von der Schlange und der Lilie, 1918 *(22)*
Die Kernpunkte der sozialen Frage in den Lebensnotwendigkeiten der Gegenwart und Zukunft, 1919 *(23)*
Aufsätze über die Dreigliederung des sozialen Organismus und zur Zeitlage 1915-1921 *(24)*
Kosmologie, Religion und Philosophie, 1922 *(25)*
Anthroposophische Leitsätze, 1924/25 *(26)*
Grundlegendes für eine Erweiterung der Heilkunst nach geisteswissenschaftlichen Erkenntnissen, 1925. Von Dr. R. Steiner und Dr. I. Wegman *(27)*
Mein Lebensgang, 1923/25 *(28)*

II. Gesammelte Aufsätze

Aufsätze zur Dramaturgie 1889-1901 *(29)* – Methodische Grundlagen der Anthroposophie 1884-1901 *(30)* – Aufsätze zur Kultur- und Zeitgeschichte 1887-1901 *(31)* – Aufsätze zur Literatur 1886-1902 *(32)* – Biographien und biographische Skizzen 1894-1905 *(33)* – Aufsätze aus «Lucifer-Gnosis» 1903-1908 *(34)* – Philosophie und Anthroposophie 1904-1918 *(35)* – Aufsätze aus «Das Goetheanum» 1921-1925 *(36)*

III. Veröffentlichungen aus dem Nachlaß

Briefe – Wahrspruchworte – Bühnenbearbeitungen – Entwürfe zu den Vier Mysteriendramen 1910-1913 – Anthroposophie. Ein Fragment – Gesammelte Skizzen und Fragmente – Aus Notizbüchern und -blättern – *(38-47)*

B. DAS VORTRAGSWERK

I. Öffentliche Vorträge

Die Berliner öffentlichen Vortragsreihen, 1903/04 bis 1917/18 *(51-67)* – Öffentliche Vorträge, Vortragsreihen und Hochschulkurse an anderen Orten Europas 1906-1924 *(68-84)*

II. Vorträge vor Mitgliedern der Anthroposophischen Gesellschaft

Vorträge und Vortragszyklen allgemein-anthroposophischen Inhalts – Christologie und Evangelien-Betrachtungen – Geisteswissenschaftliche Menschenkunde – Kosmische und menschliche Geschichte – Die geistigen Hintergründe der sozialen Frage – Der Mensch in seinem Zusammenhang mit dem Kosmos – Karma-Betrachtungen – *(91-244)*

Vorträge und Schriften zur Geschichte der anthroposophischen Bewegung und der Anthroposophischen Gesellschaft *(251-263)*

III. Vorträge und Kurse zu einzelnen Lebensgebieten

Vorträge über Kunst: Allgemein-Künstlerisches – Eurythmie – Sprachgestaltung und Dramatische Kunst – Musik – Bildende Künste – Kunstgeschichte – *(271-292)* – Vorträge über Erziehung *(293-311)* – Vorträge über Medizin *(312-319)* – Vorträge über Naturwissenschaft *(320-327)* – Vorträge über das soziale Leben und die Dreigliederung des sozialen Organismus *(328-341)* – Vorträge für die Arbeiter am Goetheanumbau *(347-354)*

C. DAS KÜNSTLERISCHE WERK

Originalgetreue Wiedergaben von malerischen und graphischen Entwürfen und Skizzen Rudolf Steiners in Kunstmappen oder als Einzelblätter: Entwürfe für die Malerei des Ersten Goetheanum – Schulungsskizzen für Maler – Programmbilder für Eurythmie-Aufführungen – Eurythmieformen – Skizzen zu den Eurythmiefiguren, u.a.

Die Bände der Rudolf Steiner Gesamtausgabe
sind innerhalb einzelner Gruppen einheitlich ausgestattet
Jeder Band ist einzeln erhältlich.